U0358679

课后半小时

小学生阶段阅读

文化基础 ✕ 自主发展 ✕ 社会参与

地理世界

课后半小时编辑组 ■ 编著

展开一幅绚丽画卷

002

3.5%

96.5%

北京理工大学出版社
BEIJING INSTITUTE OF TECHNOLOGY PRESS

核心素养之旅
Journey of Core Literacy

中国学生发展核心素养，指的是学生应具备的、能够适应终身发展和社会发展的必备品格和关键能力。简单来说，它是可以武装你的铠甲、是可以助力你成长的利器。有了它，再多的坎坷你都可以跨过，然后一路登上最高的山巅。怎么样，你准备好开启你的核心素养之旅了吗?

文化基础

科学基础

第 1 天 万能数学 〈数学思维〉
第 ❷ 天 地理世界·观察能力 地理基础
第 3 天 物理现象 〈观察能力 物理基础〉
第 4 天 神奇生物 〈观察能力 生物基础〉
第 5 天 奇妙化学 〈理解能力 想象能力 化学基础〉

科学精神

第 6 天 寻找科学 〈观察能力 探究能力〉
第 7 天 科学思维 〈逻辑推理〉
第 8 天 科学实践 〈探究能力 逻辑推理〉
第 9 天 科学成果 〈探究能力 批判思维〉
第 10 天 科学态度 〈批判思维〉

人文底蕴

第 11 天 美丽中国 〈传承能力〉
第 12 天 中国历史 〈人文情怀 传承能力〉
第 13 天 中国文化 〈传承能力〉
第 14 天 连接世界 〈人文情怀 国际视野〉
第 15 天 多彩世界 〈国际视野〉

自主发展

学会学习

第 16 天 探秘大脑 〈反思能力〉
第 17 天 高效学习 〈自主能力 规划能力〉
第 18 天 学会观察 〈观察能力 反思能力〉
第 19 天 学会应用 〈自主能力〉
第 20 天 机器学习 〈信息意识〉

健康生活

第 21 天 认识自己 〈抗挫折能力 自信感〉
第 22 天 社会交往 〈社交能力 情商力〉

社会参与

责任担当

第 23 天 国防科技 〈民族自信〉
第 24 天 中国力量 〈民族自信〉
第 25 天 保护地球 〈责任感 反思能力 国际视野〉

实践创新

第 26 天 生命密码 〈创新实践〉
第 27 天 生物技术 〈创新实践〉
第 28 天 世纪能源 〈创新实践〉
第 29 天 空天梦想 〈创新实践〉
第 30 天 工程思维 〈创新实践〉

总结复习

第 31 天 概念之书

卷首

4

仰以观于天文，俯以察于地理

仰以观于天文，俯以察于地理

你一定知道"精卫填海"的故事吧，它出自《山海经》。《山海经》里就记录了许多朴素的地理知识，包括山川、矿物等。中国最早的地理著作是《尚书·禹贡》，这本书里把天下分为九州，并详细记载了其中的山脉、河流、土壤、田地、物产、道路。古代中国在方志、沿革地理、自然地理、地图等方面，都有着很大的成就。相关著作中，你最熟悉的，或许是郦道元的《水经注》，或许是徐霞客的《徐霞客游记》，这些书把古代中国的疆域地貌呈现在我们的眼前。到了近现代，地理学蓬勃发展，越来越多的新方法、新技术被运用到了地理学中。

那么，地理到底是什么呢？《汉书》中强调："三光，天文也；山川，地理也。"而东汉的王充在《论衡》中说："天有日月星辰谓之文，地有山川陵谷谓之理。"这么看来，古人认为地理是地球表面的山川、丘陵、陆地、水泽等自然现象，但其实地理的世界要大得多。

地理，是我们认识这个世界最直接的学科，从地球构造、气候气象，到人口资源、环境发展，地理让我们对这个世界有了更深刻的理解；它也是和我们的生活十分贴近的学科，你可以从身边的小树、河流中,发现地理的影子。生命诞生于大地,人们生长于土地,民族栖息于领地,衣食住行离不开对气候与时节变化规律的探索;社会经济活动需要了解资源和环境的地理分布;国家治理需要掌握政治地理和军事地理。由此可见,无论是安居乐业的百姓,还是"读万卷书,行万里路"的学子,抑或是"融诸子百家学说、集古今中外智慧"的圣贤,甚至是"胸怀天下、文韬武略、治国安邦"的志士英豪,都需要学习先人所积累的地理知识,了解和探究滋养人类的大地的奥秘。

"仰以观于天文,俯以察于地理。"现在,大门已经为你打开,只要你往前迈上一步,就可以走进地理世界,在俯仰之间领略这片大地的壮美自然和风土人情。

于贵瑞
中国科学院院士,生态学家

华山"纪事"

撰文：波奇

▶延伸知识

五岳是中国汉文化中的五大名山，它们各具特色：东岳泰山之雄，西岳华山之险，中岳嵩山之峻，北岳恒山之幽，南岳衡山之秀。徐霞客说"五岳归来不看山"，就是对五岳极高的称赞。

▶延伸知识

岩壁看上去就像墙壁一样，是很陡峭的岩石。华山的山体主要就是由岩石的一种——花岗岩组成的。

华山是五岳之一，大家一定都听说过华山论剑，可是华山最著名的还是它的险峻秀美，不信你就去看看。记住，一定要晴天去，不然，雨天里整个华山就会被雾气笼罩，你就没办法直接感受到华山的险峻了，而且雨天路滑，还可能会摔跤呢。

自古华山一条道，上山的路还是比较陡峭的，有的路修在岩壁上，有的路甚至直接修在了山脊上，路两边就是万丈深渊。但是你一定要记住，走路不看景，看景不走路，只有走到安全的地方时，才能尽情地欣赏四周的景色。

很多人为了看日出而选择夜爬华山，他们会爬上峰顶，裹着棉大衣，安静又满怀期待地等待着这最壮观、最辉煌的一幕。日出代表了希望，当太阳从一片云海中喷薄而出，漫天染上万丈光芒时，你就会明白，什么叫作"太阳初出光赫赫，千山万山如火发"。

如果有机会，你一定要去华山看看，无论是去看绝壁悬崖，还是看旭日东升，相信华山一定能在你的记忆里留下浓墨重彩的一笔。

▌主编有话说

人们裹着棉大衣在山顶等日出，是因为山顶上要比山脚下冷。其实热爱登山的朋友都知道，越往山上走气温越低。这是因为我们所处的对流层的气温是随着高度增加而降低的，每上升1000米，温度平均下降6摄氏度。

▌主编有话说

雨天是一种天气，天气其实指的是某一个地区距离地表较近的大气中的各种自然状态，包括风、云、雾、雨、雪、霜等各种要素。

奔向海洋

美术：露可一夏

秘密日记

我是一个小水滴，有的时候你能看见我，有的时候你看不见我。无数个我汇聚在一起，变成你家里从水龙头里流出来的水流，变成天上飘着的云彩，变成落下来的雨水，变成滔滔江河，再朝着海洋奔去。不过别担心，过一段时间，我们又会出现在你的生活中哦！

我们的大地

撰文：王琪美

地壳

地幔

地核

大家好，我是地壳，如果把地球比作一颗鸡蛋，我就是蛋壳部分，而地幔和地核可以分别看作蛋清和蛋黄，这样是不是好理解多了？

高耸的山峰，绵延的丘陵，一望无际的高原……这些都呈现在我们的大地上，是这个星球的一部分。人类也离不开大地，我们在这片土地上工作和生活。你知道大地是什么吗？

▋主编有话说

人类是怎么知道地球内部的组成的呢？原来当地震发生时，会产生向四周辐射的弹性波，叫作地震波。人们通过分析地震波得知了地球内部的组成。

其实，它有一个名字，叫作地壳，地壳就是地球内部圈层的一部分。它是由各种固态岩石组成的，大陆地壳比较厚，青藏高原是地球上地壳最厚的地方，最厚处达 70 千米。大洋地壳比较薄，太平洋的马里亚纳群岛东部深海沟是地球上地壳最薄的地方。打个比方，你可以把地球想象成鸡蛋，而地壳就是蛋壳部分啦。

▶延伸知识

地壳可不像蛋壳一样单薄脆弱，它有一层坚硬又厚实的铠甲！到底有多厚实呢？曾经有人向下挖洞来探寻地心的奥秘，最大深度曾达到 1 万多米，但这还不到地球半径的0.2％。如果把地球看作一个苹果，那么这连苹果皮都没钻透。

穿过地壳后就进入地幔。

地幔 在地幔上部有一部分岩石处于熔融状态，称为软流层，这里是岩浆的发源地。

好热！这里温度超过1000摄氏度。

地壳下面有什么

美术：露可一夏

再由地下2900千米处进入地核。

地壳、地幔和地核共同组成了地球内部圈层。

地核 地核分为内核和外核。最高温度可达7000摄氏度。

岩石原来还可以变身

岩浆岩，顾名思义，就是由岩浆冷却凝固而形成的岩石，它主要分成两大类：当岩浆"冲破牢笼"喷发出来时，就会形成满是气孔的外表，玄武岩就是其中的代表；岩浆在地下"气势汹汹"地侵入，然后冷却凝固，我们管这种岩石叫作侵入岩，代表是花岗岩。

沉积岩就是由其他岩石的碎屑和生物的残骸所形成的岩石。沉积岩虽然只占了地壳总面积的 5%，但覆盖面积达到了陆地面积的 75%，代表岩石包括石灰岩、砂岩、砾岩等。

还有一种很奇怪的岩石，它在地表下，高温或者高压的条件使它变质，转换成另一种岩石，这种岩石就是变质岩。比如石灰岩在高温下变质，就转变成了大理岩。

撰文：波奇

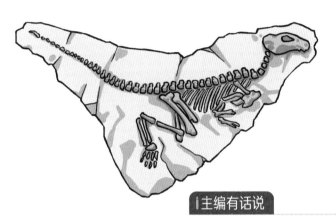

▌主编有话说

生物的残骸经过石化作用保存在沉积岩中，就变成了我们熟知的化石。根据化石，我们可以判断岩石的形成环境和年代。

▶延伸知识

你们知道吗，这三类岩石之间还可以互相变身呢。露出地表的岩浆岩在冰川、流水等的作用下，被破碎成颗粒，这些颗粒又被冰川、流水、大风等搬运，在低洼处沉积，慢慢变成沉积岩。沉积岩和岩浆岩在高温和高压的作用下，会变成变质岩。随着温度和压力的进一步升高，岩石会慢慢破碎、熔化，变成岩浆，在冷却凝固之后，又会变成岩浆岩。岩石间的互相转化就这样循环着。

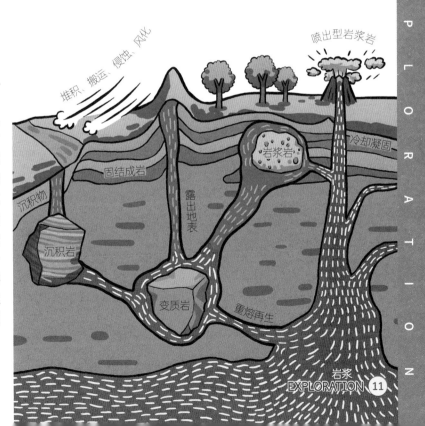

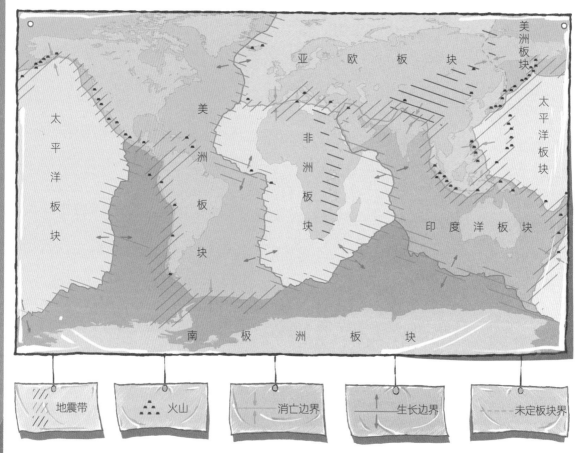

活跃的板块

撰文：硫克

板块是由岩石组成的，覆盖在地球的表面。板块构造学说是由多位科学家在1968年联合提出的，这一学说认为，地球上的陆地和海洋（海底）不是一个整体，而是分割成了许多块，我们称之为"板块"。虽然地球上有七大洲和四大洋，但其实只有六个板块，分别是：亚欧板块、非洲板块、美洲板块、太平洋板块、印度洋板块和南极洲板块。这些板块虽然相互独立，但并不是隔开的，它们的交界处往往容易引发剧烈的地质活动，比如地震和火山，这就是地震和火山主要分布在板块交界处的原因。

板块运动

板块之间相互碰撞、挤压，就会形成山脉。著名的喜马拉雅山脉就是亚欧板块和印度洋板块碰撞的结果。大洋板块和大陆板块的碰撞，往往会导致大洋板块俯冲到大陆板块下面，所以会在板块交界处形成深深的海沟。世界最低点马里亚纳海沟就是太平洋板块俯冲到亚欧板块下形成的。

如果板块之间张裂开来，就会形成巨大的裂谷或海洋。世界上最大的裂谷——东非大裂谷正是因非洲板块和印度洋板块的张裂拉伸而形成的，年轻的海洋大西洋也是由美洲板块、亚欧板块和非洲板块的张裂而形成的。从长期看，板块之间的运动会给地球表面增添更多的山脉和海洋；但是从短期看，板块之间的运动会产生严重的地质活动，或者说地质灾害，比如地震和火山喷发。

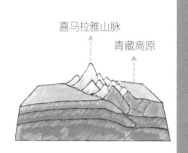

喜马拉雅山脉
青藏高原

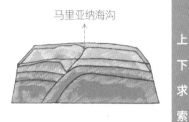

马里亚纳海沟

大陆板块

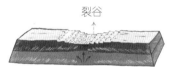

裂谷

海洋

板块运动与地震

无论是板块的碰撞还是张裂，甚至是相互摩擦，都会引起地面震动，对于生活在地面上的我们来说就是地震。

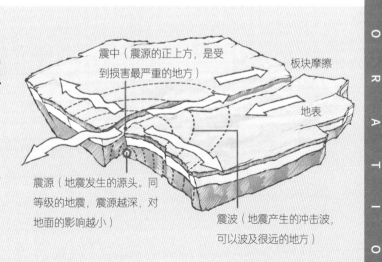

震中（震源的正上方，是受到损害最严重的地方）

板块摩擦

地表

震源（地震发生的源头。同等级的地震，震源越深，对地面的影响越小）

震波（地震产生的冲击波，可以波及很远的地方）

防震小妙招

撰文：王琪美
美术：露可一夏

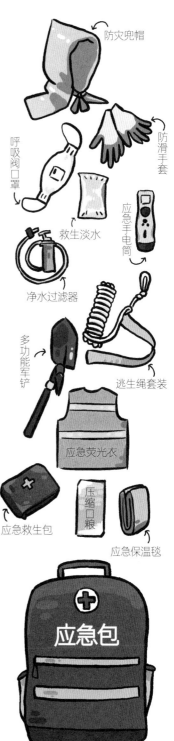

多变的地貌

撰文：波奇

流水的杰作
——岩溶地貌

你听过"滴水石穿"的故事吧，看似绵软的水，日复一日地滴在坚硬的石头上，可以把石头打穿，甚至消融。这样的故事，在我国的西南地区每天都在上演，已经持续了亿万年。水把那里的山岳、岩石改变成各种奇特的样貌，桂林山水、云南石林、重庆天坑……这些奇特的风景，都是它的杰作。这些奇特的山石洞坑有一个共同的名字——喀斯特地貌，也叫岩溶地貌。

这种地貌得名不过几十年，但最早研究和记录下这种地貌的，是三百多年前明朝的地理学家徐霞客，他著有《徐霞客游记》。

溶洞

在诸多岩溶地貌中，最有趣的要数溶洞。溶洞是地下水长期横向溶蚀岩石形成的地下空间。溶洞有大有小，大的溶洞长度可达几千米，甚至十几千米。

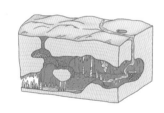

溶洞里的景象千奇百怪，最吸引人的是石钟乳、石笋和石柱。你知道石钟乳和石笋为什么会生长吗？原来，溶有碳酸氢钙的水从洞顶滴下来时，分解形成固体的碳酸钙，碳酸钙从上到下一点点堆积增长，就变成了石钟乳。滴到洞底分解形成的碳酸钙，从下到上一点点堆积增长就变成石笋。石钟乳和石笋的增长速度很慢，一万年时间大约长一米。

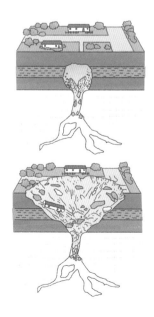

虽然溶洞有美妙的风光，但溶洞也会带来麻烦。因为溶洞是在地下形成的空洞，当承受不住上面的压力时，就会发生坍塌。所以，研究溶洞地貌，能够为人们在溶洞地区施工提供依据，并且制定出对应的预防措施。

你知道庞贝古城吗，它曾经是意大利第二大城市，商贸发达，风景秀丽，那里还有阿波罗神庙和斗兽场。但是公元79年，附近的维苏威火山突然爆发，火山灰、碎石和泥浆淹没了整个庞贝古城，这座繁华的城市在18个小时内彻底消失了。

大力出奇迹
——内力作用

撰文：王琪美

▌主编有话说

世界上许多名山都是火山喷发形成的，比如中国著名的长白山天池。三百年前火山喷发，逐渐沉陷形成了现在的天池。它还有个浪漫的名字——"天使的眼泪落人间"。而喷发出来的熔岩物质则堆积在火山口周围，形成了屹立在四周的16座山峰。

这么多千奇百怪的地貌，要归功于地质作用，地质作用分为内力作用和外力作用，内外力的共同作用才成就了多变的地貌。

内力作用包括岩浆活动、地壳运动和变质作用。

一提到岩浆，大家一定会想到火山喷发。火山喷发会给人类带来致命威胁，火山灰会造成飞行事故、空气污染，甚至会淹没农田、聚落。不过岩浆活动有时也会给人类带来一些好处，比如火山灰会使土壤变得肥沃。海底火山喷发有可能会形成岛屿，增加陆地面积，夏威夷群岛就是由地壳断裂处喷发出的岩浆形成的。

缓慢运动着的地壳

　　地壳运动又称作"构造运动"，我们在大自然中看到的岩石呈弯曲状，这就是地壳不断运动的结果。地壳运动一般分为水平运动和垂直运动。

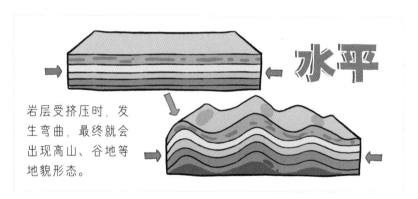

岩层受挤压时，发生弯曲，最终就会出现高山、谷地等地貌形态。

水平

如果岩层受到强大的压力，就会破裂断开，形成断层，如东非大裂谷、华山都是断层形成的地貌。

垂直

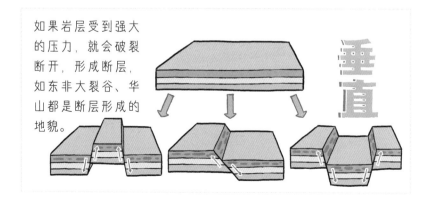

前面说过，我的盛世美颜主要归功于内力、外力两方面的作用。

精雕细琢的艺术

撰文：Spacium
美术：露可一夏

——外力作用

如果把内力作用比作挥毫泼墨的大师，

那么外力作用则更像精雕细琢的巧匠。

风化、侵蚀、沉积、搬运等都是外力作用的表现。

随着时间推移，外力作用也可以慢慢改变地貌，就像"水滴石穿"。

上下求索 ● EXPLORATION

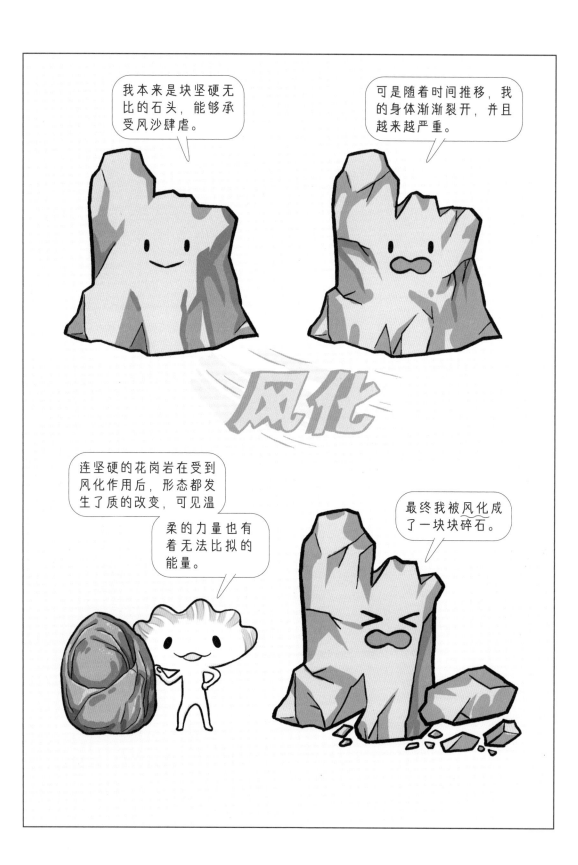

喀斯特地貌主要位于南方，北方也有属于自己的典型地貌。

咦，这里的石头怎么奇形怪状的，好壮观啊！

这里是新疆的著名景点——魔鬼城，大家可不要被这个名字吓到，其实是因为这里长期被风沙侵蚀，从而形成奇怪的巨石阵，也叫作雅丹地貌。

嗨，你们好！
我是一个小水滴。

3.5%

96.5%

生命之源
——水

撰文：波奇

你知道为什么很多人说地球是蓝色星球吗？其实，地球表面积的百分之七十以上都被海水覆盖，从太空看，地球就是一颗蓝色的星球。而海水，其实是地球水体的一部分。

生命起源于水，生物的生存也离不开水，因此水分布在地球上的各个地方。在整个地球水体中，海水占96.5%；冰川水、湖泊水、生物及大气水等组成了剩余的3.5%，也就是我们通常所说的淡水资源。淡水的主要组成是冰川，占淡水的69%呢!

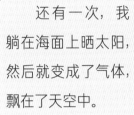

还有一次，我躺在海面上晒太阳，然后就变成了气体，飘在了天空中。

还记得上次在北冰洋，我因为太冷而凝结成了冰。

告诉你们一个秘密，我可是会变身的！

水滴和冰晶聚集在一起就形成了美丽的云朵，是不是很神奇？当小水滴或小冰晶多到空气托不住的时候，就会从云中落下来，形成雨或者雪。

这就是我的三次"变身"，这个过程被称为水循环。

当气温低于零摄氏度时，我们会变成小冰晶。

我在陆地上被蒸发到大气中，又随着降水回到陆地上的这个过程，属于水循环中的"内陆循环"。

我在海上的这一系列变化过程被称为海上内循环。

这个过程属于水循环中的"海陆间循环"，我在这一过程中从咸水变成了淡水，然后以降水的方式给流向海洋的河湖的水提供了源源不断的补充。

"小鸭舰队"的环球之旅

1992 年一艘载有 29000 只玩具鸭的货船离开中国，在太平洋遭遇风暴。这些掉落海中的玩具鸭组成"小鸭舰队"，开始了它们的"环球之旅"。

撰文：武娜

"小鸭舰队"是怎么旅行的呢？

其实，"小鸭舰队"能够自己旅行，依靠的是洋流。洋流是指海洋表层的海水沿着一定方向，常年大规模、稳定而有规律的运动。"小鸭舰队"受洋流影响，渐渐分成两拨，一拨南下途经印度尼西亚、澳大利亚、南美洲，另一波"挥师北上"，经过北冰洋，进入大西洋，抵达英国。

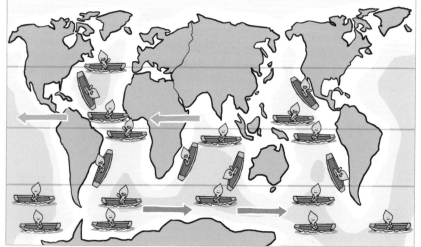

在赤道附近海域，洋流大多自东向西运动，中纬度海域则正好相反，多是自西向东运动。在陆地附近，洋流则大致呈现为南北方向的运动，所以洋流运动看起来就像是在转圈圈。

暖流所到地区会增加当地的温度和湿度。比如欧洲西部临海地区受北大西洋暖流的影响，全年温和湿润。

寒流所到地区会降低当地的温度和湿度。比如加拉帕戈斯群岛，它虽然处于赤道附近，但受秘鲁寒流影响，这里常年天气凉爽，岛上奇花异草荟萃、珍禽异兽云集，有"生物进化活博物馆"之称。据说达尔文曾经来过这里考察，他后来提出了著名的生物进化论。

▶延伸知识

大部分海域的洋流运动方向是常年不变的，但是在北印度洋海域，存在一种特殊情况。北印度洋海域的风向会随着季节变化而变化，夏季盛行西南季风，洋流顺时针运动；冬季盛行东北季风，洋流逆时针运动。遵循这一规律的洋流，叫作季风洋流。

世界四大渔场

寒暖流相遇的时候，海水搅动会导致海洋深处的营养物质被送到表层，形成天然的渔场。

秘鲁渔场

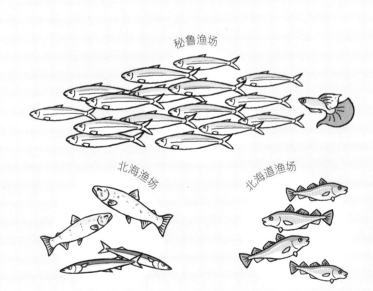

纽芬兰渔场

北海渔场

北海道渔场

在清澈的热带浅海区，有着海洋中最美的景象，那就是大片大片五颜六色的珊瑚礁，那里是地球上生物多样性最丰富的生态系统之一。

海水资源

　　之前我们提到过，海水占地球水体的 96.5%，这么多的海水，其实就是一种宝藏。海水资源主要作为工业冷却用水，用来降低机械温度。当然啦，人们还通过各种先进的技术淡化海水，以增加淡水总量供人们使用。

海洋很大很大，里面藏着无数的宝藏。

海洋生物资源

　　海洋里拥有地球上五分之四的生物，其中可以被人类利用的称为海洋生物资源。除了饭桌上经常见到的鱼，藻类也是重要的海洋生物资源。你知道吗，海藻的营养价值很高，有数十种可供食用呢。

大海里的宝藏

撰文：波奇

你知道下面哪个是海洋生物资源吗？

A.

B.

C.

D

海洋矿产资源

　　海洋作为一个大聚宝盆，拥有丰富的矿产资源，主要包括煤、铁、石油和天然气等。尤其是随着很多陆地矿产资源日渐枯竭，人类把目光更多地聚焦到了海洋里。

海洋能源

　　海水中蕴藏着很多可再生能源，其中大家最熟悉的就是潮汐能。海水的自然涨落有着十分固定的周期，这种周期性的海水自然涨落现象，就是潮汐。潮汐中蕴藏着极大的动能，每年可以给人们提供上亿度电呢。

海洋空间资源

　　海洋有很大很大的空间，海洋空间资源是指与海洋开发有关的海岸、海上、海中和海底空间的总称。这些空间有着各种各样的用途，常见的包括海运、海岸工程、旅游、海上运动、休闲娱乐等。

大海发怒了

人类的一些活动也会给大海带来不好的影响，比如海洋污染，海洋污染不仅会破坏海洋生态环境，还会反过来影响人类的生活。

撰文：王琪美

大海被弄脏了

大海并不是永远都风平浪静的，大海发怒的时候，对经济和生活都会造成很大的影响。

由于海洋都是相通的，海洋污染会随着海水漂流而影响其他地方。

连南极现在都有污染了，据说是一种叫作 DDT 的毒药。

DDT 是农药中的一种成分，在自然界中很难分解。

DDT 喷洒后流入地下，通过地下河进入河流，再进入海洋，通过海水运动流到南极。

不过对被污染的海域来说，洋流也会把污染物带走，净化被污染海域。

地球披着一件外衣

　　我们所在的大气圈、生物圈、水圈组成了地球的外部圈层，大气层作为地球的外衣，对地球上的生命有着非常重要的意义。这可不是普通的外衣，是厚实的"大棉袄"！这件"大棉袄"足足有三层呢，分别是高层大气、平流层和对流层。地球上的生命大多生活在对流层中，而飞机大多时候在平流层中飞行，这样可以增加飞机飞行的稳定度。你要问我是谁，嘿嘿，我是你看不见的气体分子哦，虽然你看不见我，但是我一直都生活在你的周围。

　　我们大气家族是很厉害的：氧气是维持生命活动必需的物质，二氧化碳是植物进行光合作用的原料，臭氧能吸收大量太阳辐射中的紫外线，保护地球上的生命免受过量紫外线的伤害……嘿嘿，你看，没了我们地球上会失去很多光彩哦。

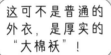

这可不是普通的外衣，是厚实的"大棉袄"！

▌主编有话说

大气并不是静止不动的，它也一直在运动，这就是大气运动。<u>大气运动</u>是指不同地区、不同高度之间的大气进行热量、水分的互相交换，并以此形成各种天气现象和天气变化的总称。其中，最简单的形式就是<u>热力环流</u>，它是由于地面冷热不均而形成的空气环流。由于大气中的热力环流造成了同一高度的不同压力，空气会由高压区流向低压区，这一大气运动就叫作风。

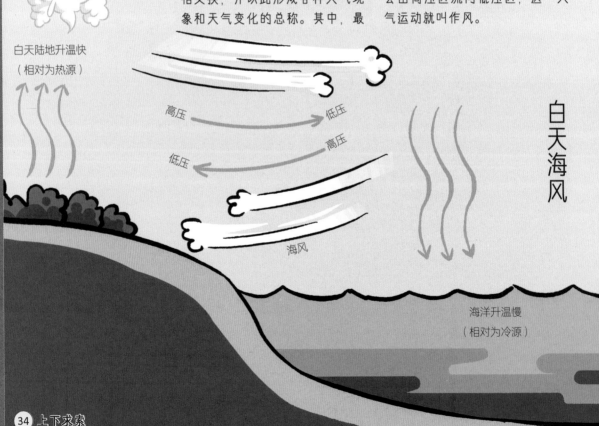

白天陆地升温快
（相对为热源）

高压　　　低压

低压　　　高压

海风

白天海风

海洋升温慢
（相对为冷源）

大气层是地球的一件外衣，它可不是虚无缥缈的，它一直都在努力地保护着地球。我们每天看到的、感受到的太阳光，其实是已经被削弱了的。真正的太阳辐射会伤害到地球生物，对我们很不友好。所以，大气层保护了我们，它可以吸收、反射和散射太阳辐射，这就是大气削弱作用。大气削弱作用使能够到达地面的太阳辐射大大减少，保护了地球上的生物们。同时，大气也是有选择的呢，它会先"逮住"波长较短的蓝色光波，并把蓝色光波散射出去，就形成了我们看到的蓝天。

我们说大气是地球的"大棉袄"，大棉袄最重要的作用就是保暖，大气也一样具有保温作用，它会反射地面向外辐射的热量，让绝大部分热量再次回到地面。不过，在大气不那么密集的时候，保温作用就没有那么强了，这就是西北地区早晚温差比较大的原因。

大气可不是虚无缥缈的

撰文：Spacium

天气和气候有什么不同？

很多人都搞不清天气和气候的区别，总认为它们是一回事。No, no!

你一定听说过天气预报吧，它会预报未来的天气，包括温度、风速、风向、云的类型、雨、冰雹、雪、霜等。天气往往是多变的。

而气候是一个地区多年的天气平均状况，和多变的天气相比，一个地区的气候状况是相对稳定的。我们通常会用一个地区各月气温和年降水量平均值来表示气候状况。距海近的地方，冬夏温差小，降水多，这样就形成了海洋性气候。而内陆地区冬夏温差大，全年降水少，气候干燥，像中国西北地区的温带大陆性气候就是这样的。

各地气候大不同

世界各地建筑、交通方式、风土人情等或多或少都受到气候的影响。

云南傣家竹楼

福建土楼

蒙古包

北京四合院

陕西窑洞

撰文：王琪美
美术：露可一夏

你猜明天是什么天气?

我猜是晴天!

以礼貌著称的英国人,一见面先开始谈论天气,你知道是为什么吗?

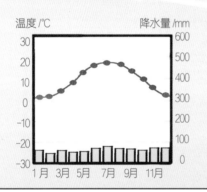

因为英国属于温带海洋性气候,年中多半时间都阴雨密布。

伯明翰

温度 /°C
降水量 /mm

寒带气候
北极圈

温带海洋性气候

高原山地气候

地中海气候

英国天气非常多变,时而艳阳高照,时而乌云密布甚至大雨倾盆,因此英国人出门都要带雨伞!

要下雪啦，全国戒备！

天不怕地不怕的英国人，唯独害怕下雪。

虽然英国常年阴雨连绵，但温带海洋性气候让这里基本处于温和湿润的天气，风雪天气在这里不太多见。

英国很多地方一到降雪天气几乎停止一切运营，超市、车站也会短暂关闭，很多人甚至开始囤积食物

是不是觉得气候很神奇？还有更神奇的地方哦！

你大概想象不到，气候还能保护人类的文化遗产！

文化遗产

天呐！太让人震撼了！

中国的敦煌莫高窟，是世界上现存规模最大、内容最丰富的佛教艺术圣地，尤其是洞中的壁画堪称世界艺术的奇迹，至今仍保存完好。

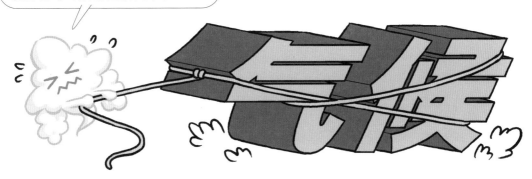

莫高窟之所以历经数千年而保存完好，除了后人的悉心呵护，也跟当地的气候有直接关系。

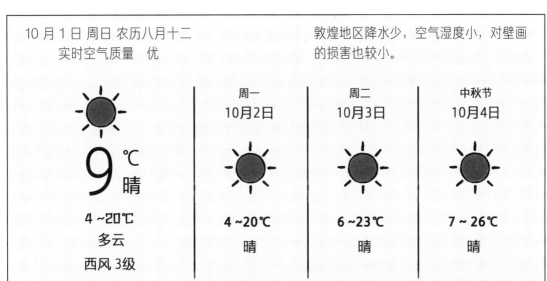

10月1日 周日 农历八月十二
实时空气质量 优

敦煌地区降水少，空气湿度小，对壁画的损害也较小。

9 ℃ 晴

4 ~20℃
多云
西风 3级

	周一 10月2日	周二 10月3日	中秋节 10月4日
	☀	☀	☀
	4 ~20℃	6 ~23℃	7 ~ 26℃
	晴	晴	晴

莫高窟数千年的文化遗产得以完整保存至今，干旱气候可是立了很大的功劳。

此外，在崖壁上开凿的方式，还可以很好地保持恒湿。

青出于蓝

地理和我们的生活息息相关，
我们身边的一切都是地理世界的一部分。
我们对地理的了解得益于前人留下来的成果和
投身于地理研究的科学家的奉献。
本次，我们请来了于贵瑞院士来为我们的
小读者解答一些疑惑，
我们一起去看一下吧!

于贵瑞院士

中国科学院地理科学与资源研究所研究员，生态学家，长期从事生态学与地理学交叉研究。获全国优秀科技工作者、全国创新争先奖、科学中国人年度人物、"李佩优秀教师奖"等多项荣誉。

地球上的水永远都用不完吗?

答 其实我们都知道，地球上有百分之七十以上的表面积都被海水覆盖，看上去，是不是水多得永远用不完? 可是，你要知道，我们最主要使用的其实是淡水资源。淡水资源只占地球水体的 3.5%，而地球上真正可被人类利用的淡水资源只有河流水、淡水湖泊、地下水等，这些只占全球淡水储量的 0.3%，而且这些水资源的更新周期漫长又复杂，所以水并不是取之不尽用之不竭的。

或许你会想到冰川水，但是很可惜，因为冰川水极端的地理位置以及技术原因，对冰川水的开采还是比较困难的。更何况，随着全球变暖冰川融化，融化后的水融入海洋，变成了咸水，就不再是淡水资源了。而且，这还会引起海平面上涨，威胁沿海地区的安全。所以，我们一定要在生活中节约水资源。

了解气象灾害有什么用呢？

答 我们知道，日常生活中有很多天气现象，有时候，它们也会对人们的生命财产等造成损害，比如台风、雷暴、洪涝等带来的灾害。我们通过学习和了解气象灾害，可以掌握正确的防御知识，提高科学预判风险的能力，保护自己、保护身边的人。同时，这也能够提高我们的地理实践能力，把真正的知识落到实处。我们国家也在一直研究气象，气象卫星会从遥远的太空发来信息，让气象部门做好监测和预警。

为什么称赞一个人知识渊博时，总是会说"上知天文，下知地理"呢？

答 地理学作为科学体系中的独立学科，经历了漫长的人类智慧积累、世界文明融合及历史演变过程。

尽管地理的概念及其科学含义随时代的变迁而与时俱进，但是地理的"地"依然是"大地"之意，是指地球、地球表面或地球表层，或是指一个自然或经济社会区域。地理的"理"是指事理、规律，或者是事物规律性的内在联系，或者是理解和解释事物及其发展规律的假设、学说及理论。

地理学则是研究"大地之理"的学科，综合研究地球表层的各种自然和人文现象或事物及其空间分布、区域特征、时间演变、形成过程，以及各种地理要素或者地理综合体之间的相互关系、相互作用过程及其物理学、化学和生物学机理。所以你看，当你学习了地理，就能够收获这么多知识，自然会变成一个知识渊博的人。

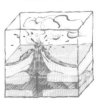

THINKING
头脑风暴

撰文：Spacium

01 如果地球变成了一个鸡蛋，那么地壳就会变成蛋壳，那地核会变成什么呢？（　）

　A. 蛋黄

　B. 蛋白

　C. 小鸡

四年级 科学

02 扁扁今天和爸爸妈妈一起去爬山，他们在山上捡到了一块化石，猜猜看，这座山最可能是由什么岩石构成的呢？（　）

　A. 变质岩

　B. 岩浆岩

　C. 沉积岩

四年级 科学

03 遇到地震时，下列哪种做法是错误的？（　）

　A. 住在高层的居民，应该立刻乘坐电梯下楼

　B. 如果你在家里，无法迅速下楼时，应该选择在厕所等小开间里躲避

　C. 如果在室外，一定不要在树下躲避

五年级 科学

04 流水可以把山岳、岩石改变成各种奇特的样貌，这就是岩溶地貌，我国最有名的岩溶地貌当属桂林山水了。你知道岩溶地貌又叫什么吗？（　）

　A. 喀斯特地貌

　B. 流水地貌

　C. 火山地貌

五年级 科学

05 如果"小鸭舰队"在赤道附近的海域里旅行，那么它们的旅行方向最有可能是哪种呢？（　）

　A. 由西向东

　B. 由东向西

　C. 静止不动

06 你知道，地球一直都披着一件"外衣"，这是件厚实的"大棉袄"。这件"大棉袄"一共有几层呢？ （ ）

A.1 层

B.2 层

C.3 层

07 大气削弱作用使能够到达地面的太阳辐射大大减少，保护了地球上的生物们。不过大气可是很讲究顺序的，以你对它的了解，它会最先"逮住"什么颜色的光波呢？ （ ）

A. 红色

B. 蓝色

C. 黄色

08 北极地区的人们为什么用冰雪造房子呢？ （ ）

A. 他们不喜欢木头房子

B. 冰雪是最方便的建筑材料，可以就地取材

C. 他们不怕冷

09 水并不是取之不尽用之不竭的，那么每个人少喝一点水，就可以节约用水了吗？

名词索引

头脑风暴答案

1.A   5.B
2.C   6.C
3.A   7.B
4.A   8.B

9. 参考答案：节约用水，并不是让大家少喝水，每个人每天必须补充一定量的水分，才能有一个好的身体。如果想要做到节约用水的话，可以集中洗涤衣物，减少洗衣的次数；也可以在洗脸时，及时关上水龙头；还可以选择节水型马桶。只要我们都从身边小事做起，做到节约用水，相信地球一定能够感受到人类的诚意。所以，一定不能少喝水或者不喝水哦！

致谢

《课后半小时 中国儿童核心素养培养计划》是一套由北京理工大学出版社童书中心课后半小时编辑组编著，全面对标中国学生发展核心素养要求的系列科普丛书，这套丛书的出版离不开内容创作者的支持，感谢米莱知识宇宙的授权。

本册《地理世界 展开一幅绚丽画卷》内容汇编自以下出版作品：

[1]《这就是地理：水》，北京理工大学出版社，2020 年出版。

[2]《这就是地理：地壳 地貌》，北京理工大学出版社，2020 年出版。

[3]《这就是地理：大气》，北京理工大学出版社，2020 年出版。

[4]《进阶的巨人》，电子工业出版社，2019 年出版。

[5]《奇思妙想一万年：科学与发现》，北京理工大学出版社，2021 年出版。

图书在版编目（CIP）数据

课后半小时 : 中国儿童核心素养培养计划 : 共31册/
课后半小时编辑组编著. -- 北京 : 北京理工大学出版社, 2023.5
　　ISBN 978-7-5763-1906-4

　　Ⅰ.①课… Ⅱ.①课… Ⅲ.①科学知识—儿童读物
Ⅳ.①Z228.1

　　中国版本图书馆CIP数据核字(2022)第233813号

出版发行 / 北京理工大学出版社有限责任公司
社　　　址 / 北京市海淀区中关村南大街5号
邮　　　编 / 100081
电　　　话 / （010）82563891（童书出版中心）
网　　　址 / http://www.bitpress.com.cn
经　　　销 / 全国各地新华书店
印　　　刷 / 雅迪云印（天津）科技有限公司
开　　　本 / 787毫米×1092毫米　1 / 16
印　　　张 / 83.5
字　　　数 / 2480千字　　　　　　　　　　　　　　　　责任编辑 / 徐艳君
版　　　次 / 2023年5月第1版　2023年5月第1次印刷　　文案编辑 / 徐艳君
审　图　号 / GS（2020）4919号　　　　　　　　　　　责任校对 / 刘亚男
定　　　价 / 898.00元（全31册）　　　　　　　　　　责任印制 / 王美丽

图书出现印装质量问题，请拨打售后服务热线，本社负责调换